DIETER NADOLSKI

Gräfin Cosel – wie sie wirklich war

Die häufigsten Irrtümer über die legendäre Mätresse

TAUCHAER VERLAG

KURZWEILIGES Nr. 90

MIX
Papier aus verantwortungsvollen Quellen
FSC® C014138

Nadolski, Dieter:
Gräfin Cosel – wie sie wirklich war /
2. Aufl. – [Leipzig]: Tauchaer Verlag 2022
ISBN 978-3-89772-236-1

Herstellung: Sabine Ufer Verlagsherstellung
Satz: Tauchaer Verlag
Printed in EU

ISBN 978-3-89772-236-1

INHALT

Vorwort

»Ein Frauenschicksal am Hofe Augusts des Starken« – so oder ähnlich lauten die Werke, die auf einen historischen Roman des polnischen Autors Josef Ignaz Kraszewski zurückgehen. Der 1812 in Warschau geborene (und 1887 in Genf verstorbene) Kraszewski weilte ab 1863 für mehr als zwei Jahrzehnte in Dresden und schrieb hier das Buch »Hrabina Cosel«, ein 1874 erschienenes Werk über Anna Constantia von Cosel, die legendäre Mätresse des sächsischen Kurfürsten und polnischen Königs. Der um 1880 auch in deutscher Sprache verlegte

ne, variantenreiche Vorlage für diverse Publikationen, ein MDR-Hörspiel und auch Filme, in denen sich historische Fakten mit frei erfundenen Vorstellungen gekonnt verknüpfen.

FREILICH HABEN ALLE diese Werke bis auf den heutigen Tag auch dazu beigetragen, dass es viele Irrtümer über das Leben der berühmten Mätresse gibt. So etwa, dass die faszinierend aussehende Cosel die sprichwörtliche Wahrheit belege, wonach in Sachsen die schönen Mädchen auf den Bäumen wüchsen, dass sie mit größter Raffinesse um die Gunst des Landesherrn gebuhlt habe oder dass man zwar von ihrem Ableben auf der Burg Stolpen wisse, aber ihr Grab nicht genau zu orten wäre.

In diesem Büchlein wollen wir auf die häufigsten Irrtümer über Gräfin Anna Constantia von Cosel sowie auf ihr Leben eingehen und erzählen, wie sie wirklich war und was entgegen den Legenden tatsächlich geschah.

Die Cosel – eine schöne Sächsin?

Auch wenn es über Jahrhunderte hinweg üblich war, dass die Hofmaler von ihnen porträtierte Persönlichkeiten schöner auf die Leinwand brachten, als sie in der Wirklichkeit waren, ist die auserlesene Schönheit der Cosel unbestrittene Realität.

Einem ihrer Zeitgenossen, der aus einer thüringischen Adelsfamilie stammende Karl Ludwig von Pöllnitz, verdanken wir eine verbale Beschreibung ihres Aussehens. In dem zunächst 1734 in Amsterdam erschienenen umfangreichen Werk »La Saxe galante« und der dann ein Jahr später in Frankfurt/Main herausgegeben Übersetzung »Das galante Sachsen« beschreibt Pöllnitz sie folgendermaßen:

Sie hatte ein längliches Gesicht, eine wohlgestaltete Nase, einen kleinen Mund; überaus schöne Zähne, schwarze, große, lebhafte und muntere Augen …, schwarze Haare, eine wunderschöne Brust; ihr Hals, ihre Hände und ihre Arme waren wohl gebildet, ihre Farbe war ungemein natürlich, meistenteils aber weiß und rot. Ihre Leibesbildung konnte wie ein Meisterstück gelten; ihr Aussehen war prächtig, und sie tanzte mit der äußersten Vollkommenheit.

Selbst wenn man den fabulierfreudigen preußischen Schriftsteller bei weitem nicht alles glauben kann – Friedrich der Große schrieb 1775 nach dem Ableben des mittlerweile verarmten Pöllnitz an Voltaire, der werde außer von seinen Gläubigern von keinem be-

dauert – kann man sicher von einer treffenden Beschreibung ausgehen.
Schön war sie also, die Anna Constantia von Cosel. Aber obwohl sie mehr als sechs Jahrzehnte in Sachsen lebte, ist sie entgegen der weit verbreiteten Auffassung keine waschechte Sächsin!
Geboren wird die Schöne am 17. Oktober 1680 im Holsteinschen, und zwar in dem kleinen Flecken Depenau, der in unserer Zeit (1974) in die Gemeinde Stolpe eingegliedert wurde. Ihr Vater, Joachim von Brockdorff, betreibt dort gemeinsam mit seiner Ehefrau Anna Margarethe ein Gut. Auf dem weitläufigen Areal steht noch heute ein Gebäude, das vermutlich das Geburtshaus der Anna Constantia ist.

Das vermutliche Geburtshaus Anna Constantias (Zustand um etwa 1930).

Eine sichere Aussage dazu ist insofern nicht möglich, als das Gut 1783 aus dem Besitz der Familie Brockdorff in das Eigentum des Grafen Nikolaus von Luckner überging.

Der Graf begann bald nach dem Erwerb mit Abbrucharbeiten, weil ein repräsentatives Schloss entstehen sollte. Damit wurde es freilich nichts, weil Luckner die Französischen Revolution nicht überlebte; man guillotinierte ihn im Januar 1794.
Die Vermutung, dass am Standort des abgebildeten Gebäudes die Geburt stattfand, wird durch die mächtigen Kellergewölbe gestützt. Brockdorff galt als rabiater Patron, der sich nicht scheute, den einen oder anderen seines Gesindes in den dunklen Räumen anzuketten. Die massiven Eisenringe sind heute noch an den Wänden der Kellergewölbe zu sehen.
Auch die heranwachsende Anna Constantia hatte keine zartbesaitete Kindheit. Schon frühzeitig muss sie im Haushalt mitwirken, wobei sie freilich auch allerlei Nützliches erlernt. Dazu gehören die Kunst des Kochens oder die Zubereitung heilender Kräu-Getertees. Während ihrer späteren Leidenszeit als Gefangene auf Burg Stolpen wird ihr das sehr zu Nutze kommen. Und sogar das Branntweinbrennen und Bierbrauen wird ihr gelehrt. Ihr gestrenger Vater bringt ihr das Reiten und Fechten bei – und das Schießen mit Pistolen!
Vielleicht war ihr nicht allzu schwer ums Herz, als ihr die Eltern 1694 eröffnen, nun müsse sie sich an einem fürstlichen Hof verdingen, um die feine Lebensart zu erlernen. Auch er, sagt Joachim von Brockdorff, sei in jungen Jahren als Kammerdiener tätig gewesen, und zwar bei Herzog Christian Albrecht von Schleswig-Holstein in Gottorf. Er werde sich kundig machen, ob seine Tochter jetzt wie ehemals ihr Vater dort arbeiten könne.
Sie kann, sie darf, und so geht die 14-Jährige als Hoffräulein auf das herzogliche Schloss. Hier residiert immer noch Herzog Christian Albrecht von Schleswig-

Holstein. Dessen älteste Tochter Sophie Amalie wird nunmehr entscheidend über das weitere Leben des jungen Mädchens aus dem Gut Depenau zu bestimmen haben.
Und damit beginnt ein Schicksal, dass Anna Constantia von Brockdorff nach Sachsen führt, was mit einer angeblichen Liebesheirat zu tun hat.

Die Vermählung – eine Liebesheirat?

Das Aussehen des Adolph Magnus Graf von Hoym, des Gemahls der Anna Constantia, ist von Martin Bernigeroth in einem Kupferstich festgehalten worden. Was das Bild nicht unbedingt erkennen lässt, ist die gewaltige Leibesfülle des damals etwa 35-Jährigen.

Wenn man den Zeitzeugen auch in diesem Punkt Glauben schenken möchte, dann soll Hoyms Gesicht pockennarbig gewesen sein. Und diesem nicht ganz so schönen Mann hat die besonders schöne Norddeutsche ziemlich rasch anno 1703 ihr Herz geschenkt. War es Liebe auf den ersten Blick, die jene Spontanität auslöste, von der wir nun erzählen wollen?

Adolph Magnus Graf von Hoym (1668–1723).

Wir gehen dazu zurück in das Jahr 1694 an den fürstlichen Hof in Gottorf. Schon nach knapp einem Jahr Dienst als Hoffräulein eröffnet ihr Sophie Amalie, dass sie den Erbprinz August Wilhelm von Braunschweig-Wolfenbüttel heiraten und dementsprechend nach Wolfenbüttel umsiedeln werde. Gern würde sie Anna Constantia mitnehmen, die eine solche Botschaft freudig vernahm und zustimmte. Alles in allem verbringt die Schöne hier sieben lange Jahre. Während dieser Zeit hat sie in dem gediegenen Wolfenbütteler Schloss zwei Begegnungen, die die Weichen für ihre Zukunft stellen.

Teilansicht des Schlosses in Wolfenbüttel.

Während eines besonders freudvoll gefeierten Karnevals bittet sie ein Kavalier zum Tanz. Der erzählt ihr, dass er in Dresden zuhause sei und dass er sich im Kurfürstentum Sachsen am Hofe Augusts verdient gemacht habe. So hätte er das Steuersystem so erfolgreich reformiert, dass ihn der Landesherr außerordentlich schätze.
Artig hört ihm Anna Constantia zu und plaudert nicht ungern mit dem Mann, der einen für sie ungewohnten Dialekt spricht. Dann stellt er sich vor, Adolph Magnus Freiherr von Hoym wäre sein Name. Er stamme aus einem Jahrhunderte alten anhaltischen Adelsgeschlecht und sei auch im Anhaltischen geboren, aber lebe nun schon seit einiger Zeit in der kursächsischen Residenz mit mancherlei Spracheigentümlichkeiten.
Das alles nimmt das Hoffräulein zur Kenntnis und ist doch ein wenig verwundert, wie sehr sich der einflussreiche Freiherr um sie bemüht. Sicher fühlt sie sich ein wenig geschmeichelt, doch von nachhaltigen Wirkungen ist während ihrer Zeit in Wolfenbüttel nichts zu spüren.
Ganz andere Folgen hat die Begegnung mit einem anderen Mann, und zwar mit Ludwig Rudolf, den jüngeren Bruder des Schlossherrn August Wilhelm.
Auch dessen Abbild liegt unter anderem als Kupferstich vor, geschaffen von Georg Kilian. Es ist unschwer zu erkennen, dass der Herzog attraktiver als Hoym ist und – so ist der allgemeine Eindruck – ein Mann von ganz besonderem Charme.
Was über die Jahre hinweg geschah, wie sich die beiden annäherten, ob sich Anna Constantia in Ludwig Rudolf verliebte und wie lange die Liaison währte, ist nicht bekannt. Fakt ist freilich, dass sich der junge Herzog intensiv um das Hoffräulein bemühte; im

Winter 1702 besteht Gewissheit darüber, dass die Schöne schwanger ist.
Am biederen Wolfenbütteler Hof ist das ein Skandal! Die Mutter Ludwig Rudolfs, Herzogin Elisabeth Juliane, beordert die Schwangere zu sich und hält ihr eine massive Moralpredigt. Dann eröffnet sie der jungen Anna, dass sie sofort das Schloss zu verlassen habe.

Herzog Ludwig Rudolf von Braunschweig-Lüneburg-Wolfenbüttel.

Was soll Anna Constantia anders tun, als zurück nach Depenau zu reisen? Sie macht sich also auf den Weg in ihre dörfliche Einöde, wo es noch mehr als allgemein zu jener Zeit als Schande gilt, unehelich Mutter zu werden.
In Depenau ist sie zwar dem gewaltigen Zorn der Eltern ausgesetzt, aber dennoch hilft die Mutter bei der Entbindung. Ob ein Mädchen oder ein Junge zur Welt kommt und wie sich das Schicksal des Babys gestaltet, kann man heute nicht mehr sagen. Zwar werden selbstverständlich auch uneheliche Geburten im Kirchenbuch festgehalten. Doch jener Band des Kirchenbuches, der das Geschehen zwischen 1689 und 1711 festhält, fehlt in der ansonsten lückenlosen Dokumentation. Es wird vermutet, dass Anna Constantia anlässlich eines Besuches der Kirchengemeinde als spätere populäre Gräfin Cosel den Band mit dem Beleg ihrer Schmach sichergestellt hat.
Bald nach der Geburt des Kindes taucht Adolph Magnus von Hoym in Depenau auf. Was den Sachsen bewogen hat, die Reise von Dresden in das Holsteinische anzutreten, ist unbekannt. Stolz kann der 35-Jährige gegenüber Anna Constantias Eltern darauf verweisen, dass er mittlerweile von seinem Kurfürsten, der seit 1697 auch polnischer König ist, zum Direktor des »General-Accis-Collegiums« befördert wurde, zum obersten Steuereintreiber also. Als er dann bei Joachim von Brockdorff um die Hand der schönen Tochter anhält, kann der wohl sein Glück kaum fassen, denn es gibt beim Vater kein Zögern. Da wird ein Problem viel besser gelöst, als er gehofft hatte.
Nun gilt es rasch zu handeln, bevor es sich der wohlhabende Mann vielleicht anders überlegt. Schon am 2. Juni 1703 wird auf dem Gut Depenau die Hochzeit

gefeiert. Kurz danach geht es in einer komfortablen Kutsche auf die beschwerliche Fahrt nach Dresden. Die dankbare Anna Constantia nimmt sich vor, eine gute Ehefrau zu sein. Aber ob sie ihn auch liebgewinnen kann?

Die Bekanntschaft mit August – Folge einer Wette?

In den 1968 und dann nochmals 1987 entstandenen Filmen über die Cosel gibt es eine Vielzahl köstlicher Szenen. Eine davon zeigt eine Runde nobler Männer, die sich um August den Starken geschart haben. Der muss aufgeheitert werden, weil er die im Nordischen Krieg gegen Schweden erlittene Niederlage zu verkraften hat. Es findet ein üppiges Gelage statt, man kommt auf die Frauen im Allgemeinen und auf die Ehefrauen im Besonderen zu sprechen.

DIE ALKOHOLGESCHWÄNGERTE DEBATTE führt schließlich zu der Frage, wer wohl die allerschönste Ehefrau an seiner Seite hat. Der Akzisedirektor Adolph Magnus von Hoym behauptet mit hoch erhobener Stimme, er habe die Allerschönste; darauf gehe er jede Wette ein. Einer der Herren, und zwar der Statthalter des Landesherrn in Sachsen, Anton Egon Fürst von Fürstenberg, schlägt tausend Taler vor. Hoym bietet dagegen, die Wette kommt zustande. Und nun verlangt auch August, Frau von Hoym habe sich schleunigst bei Hofe zu zeigen. Das geschieht, und vom ersten Augenblick an verliebt sich der Kurfürst in diese ihn ungemein faszinierende Frau. Hoym gewinnt die Wette und August eine Geliebte, der er dann bald den noblen Titel einer Gräfin Cosel verschafft.

Soweit die Mär, doch wie war es wirklich? Wir beginnen unseren Bericht damit, dass wir an die Fahrt des

soeben vermählten Ehepaars von Depenau nach Dresden und an den festen Entschluss Anna Constantias anknüpfen, eine gute Ehefrau zu sein.
So eine riesige Stadt hat die 22-jährige, nunmehrige Frau von Hoym in ihrem bisherigen Leben noch nicht gesehen – zu jener Zeit leben in Dresden gut 21.000 Menschen. Ihr Staunen paart sich mit der Verwunderung darüber, welchen Respekt man ihrem Ehemann entgegenbringt, wie die Tor- und Brückenwachen ehrfurchtsvoll salutieren. In dieser großen und zugleich schönen Stadt wird sie nunmehr an der Seite eines Mannes leben, den sie voller Dankbarkeit lieb gewinnen möchte. Und nochmals nimmt sie sich fest vor, ihm eine gute Frau zu sein.

Blick in die Dresdner Kreuzgasse im 18. Jahrhundert.

An dem beeindruckenden Renaissanceschloss und der altehrwürdigen Kreuzkirche vorbei rollt die noble Reisekutsche in die Kreuzgasse. Hier wohnen die Eltern des Ehemannes in einem großräumigen Haus Das bietet auch hinreichend Platz für die Jungvermählten. An der Pforte werden die Ankommenden vom Hausherrn Ludwig Gebhard von Hoym schon erwartet. Der ehemalige kurfürstliche Kammerpräsident begrüßt seinen Sohn und dann seine Schwiegertochter. Die empfindet den Empfang als kühl und distanziert, aber – so glaubt sie – vielleicht ist der Schwiegervater pikiert, nicht bei der Hochzeit in Depenau dabei gewesen zu sein. Doch schon nach wenigen Tagen bekommt sie zu spüren, dass es nicht nur beim Schwiegervater an menschlicher Wärme fehlt. Der Umgangston ihres Ehemannes ihr gegenüber ist harsch, aber schlimmer noch ist die Entdeckung, dass Hoym eine Geliebte hat.

Enttäuscht ist die junge Frau auch von ihrem Alltag in Dresden. Natürlich hatte sie auf ein Leben voller abwechslungsreicher Vergnügungen gehofft, auf den Besuch des Theaters und von Konzerten, auf die Bekanntschaft mit einflussreichen Leuten und vor allem auf Einladungen zu den rauschenden Bällen bei Hofe, von denen sie schon in Wolfenbüttel gehört hatte.

Anfang des Jahres 1704 darf sie ihren Ehemann auf eine Fahrt zur Leipziger Messe begleiten. Nicht allein die Reise und die ihr bis dahin nicht bekannte Stadt bringen eine hochwillkommene Abwechslung mit sich, sondern auch die Bekanntschaft mit der Frau des Kurfürsten. In Leipzig wird Anna Constantia der Gemahlin Augusts des Starken, Christiane Eberhardine, vorgestellt. Ob die neun Jahre ältere Kurfürstin Gefallen an der jungen Hoym findet oder was sie ansonsten bewegt, sie Wochen später zu einem Festessen in

Dresden mit einzuladen, ist wohl nicht mehr zu belegen. Jedenfalls darf sie Gast im kurfürstlichen Schloss sein. Bei dieser Gelegenheit sieht sie auch den Kurfürsten, über dessen legendäre Liebschaften reichlich getuschelt wird. Kontakte zwischen den beiden gibt es freilich noch nicht. Von nun an aber häufen sich die Einladungen in das Residenzschloss; der Kurfürst ist allerdings nicht dabei. Das ändert sich zum Ende des Jahres.

Für den 7. Dezember 1704 wird ein Hofball angekündigt, den Seine Majestät Kurfürst Friedrich August I. von Sachsen und zugleich König August II. von Polen geben wird. Selbstverständlich bekommt auch das Ehepaar Hoym eine Einladung. Auch wenn es mittlerweile mit der Ehe schlimm bestellt ist, freut sich Anna Constantia den ganzen Tag über auf das Ereignis. Sie zündet Dutzende Kerzen an und verbringt viele Stunden damit, sich auf den Abend vorzubereiten. Ob sie sich dafür ein neues Ballkleid anfertigen ließ oder das schönste aus ihrem Fundus auswählte, wissen wir nicht. Bekannt ist jedoch ein Vorkommnis, das die Liaison zwischen ihr und dem Landsherrn einleitet. Wenige Stunden vor dem Beginn des Balls bricht ein Brand im Haus in der Kreuzgasse aus. Vermutlich waren in einem Nebenraum ebenfalls angezündete Kerzen unbeaufsichtigt geblieben und das Interieur hatte Feuer gefangen. Anna Constantia rief nicht nur nach den Bediensteten, sondern griff energisch selbst zu den mit Wasser gefüllten ledernen Eimern und versuchte zu löschen. Zu retten war nichts mehr; das Feuer bedrohte bereits die Nebengebäude. Und nun schallten auch die Feuerhörner und alarmierten die Bürger.

Wenn es in alter Zeit in einem Haus brannte, war die Gefahr noch sehr viel größer als heute, dass sich das

Feuer schnell auf die gesamte Umgebung ausbreitete. Insofern wurden Feuerordnungen erlassen, die man permanent aktualisierte. In der Elbestadt war seit 1687 die »Churfürstliche Sächsische gnädigst Confirmirte und von neuen übersehene Feuer-Ordnung des Raths zu Dreßden« gültig. Die legte zwar fest, wie und womit jeder Hausgenosse einem Brand vorzubeugen und was er im Brandfall zu machen hatte, aber natürlich fehlte es an einer straffen organisatorischen Regelung der kollektiven Brandbekämpfung. Das chaotische Durcheinander bei der Feuerkatastrophe in der Kreuzgasse war mittlerweile enorm. Das Gewirr schreckte Anna Constantia zusätzlich auf, als sie fluchtartig aus dem Haus auf die Gasse lief. Und nun zeigte sich, dass sie nicht nur eine schöne Frau war, sondern auch eine kluge Person mit einer breiten Palette an Talenten. Entschlossen nahm sie das Szepter zur Brandbekämpfung in die Hand und dirigierte die Leute so, dass man bald das Feuer von den nebenstehenden Gebäuden fern halten konnte.
Natürlich vernahm der Landesherr den Alarm. Und selbstverständlich war er darüber hinaus von dem ausgebrochenen Brand informiert worden. Er ließ seine Kutsche vorfahren und begab sich schleunigst in die Kreuzgasse. Dort sieht er ein merkwürdiges Bild: Menschen, die mit Wassereimern, Sandkübeln und Feuerpritschen den Brand bekämpfen und mittendrin eine faszinierend schöne Frau in einem prächtigen Ballkleid, die mit energischer Stimme Anweisungen erteilt. Zum gegebenen Zeitpunkt bittet August die Schöne in seine Kutsche; galant hilft er ihr beim Einsteigen. Welcher Wortwechsel in der Chaise stattfindet, kann nur vermutet werden. Aber das die beiden dann später auf dem Fest bis in das Morgengrauen hinein miteinander tanzen, reden und scher-

zen, ist Fakt. Und alle auf dem Hofball sehen es – jetzt ist ein weiteres Feuer entfacht, das des Kurfürsten und Königs für die Gemahlin seines Generalakzisedirektors Hoym.
Doch brennt es auch bei Anna Constantia? Ist sie nun selig und vielleicht sogar darauf versessen, die Geliebte des mächtigen Herrn zu werden? Davon erzählen wir im Folgekapitel.

Die Kutsche Augusts des Starken.

Danach gegiert, Augusts Mätresse zu werden?

August kümmert sich nach dem Brand höchstpersönlich um das Ehepaar Hoym. Nahe ihrem abgebrannten Anwesen in der Kreuzgasse befindet das repräsentative Fraumutterhaus. In dem den Wettinern gehörenden Gebäude lässt er schleunigst Platz schaffen. Er ahnt noch nicht, dass sich sein Akzisedirektor von der schönen Gemahlin trennen will.

DAS WIRD WENIGE Tage später bekannt, als Hoym am 22. Januar 1705 beim Oberkonsistorium in Dresden die Scheidungsklage einreicht. Das Amt nimmt den Scheidungsgrund zur Kenntnis. Hoym behauptet, seine Frau habe ihn böswillig verlassen!

Das Fraumutterhaus in der Dresdner Kreuzgasse.

Diese Behauptung nährt das Gerücht und die bis heute anhaltende Vermutung, Anna Constantia habe alle Hebel in Bewegung gesetzt, um die Geliebte Augusts zu werden. Das Gegenteil ist der Fall. Nicht die Schöne hat um die Gunst des Landesherrn gebuhlt, sondern es war umgekehrt.

Einige Tage nach der Brandkatastrophe werden im Fraumutterhaus zwei Besucher vorstellig, die Frau von Hoym dringend zu sprechen wünschen. Der eine Herr ist der Statthalter von Fürstenberg, der andere Friedrich Vitzthum von Eckstädt.

Anton Egon Fürst von Fürstenberg.

August kennt Eckstädt schon seit vielen Jahren. Als Page kam der 1675 in Dresden Geborene schon elfjährig an den Hof. Dann avancierte er zum Oberstallmeister, Oberkammerherrn, Wirklichen Geheimen Rat und Kabinettsminister. 1711 erhielt er sogar die Würde eines Reichsgrafen. Aber nicht nur seine Karriere in der Hierarchie ist beachtlich. Dank seiner guten Ratschläge entwickelte er sich zu einem guten Freund des Landesherrn, der ein verlässlicher Ratgeber in intimen Angelegenheiten ist.

Friedrich Vitzthum von Eckstädt.

Die von den beiden Herren ohne Umschweife überbrachte Botschaft dürfte Anna Constantia die Sprache verschlagen haben. Seine Majestät lasse anfragen, ob Madame Hoym willig sei, seine Mätresse zu werden. Und die beiden Liebesboten fügen hinzu: Klar sei auch, dass man sich das etwas kosten lassen würde. Da solle sie gerade heraus sagen, welche Vorstellungen es da bei ihr gäbe. Ja, und was den Ehemann anbelange, brauche sie sich überhaupt keine Sorgen zu machen. Der wäre sicher einverstanden, denn er hätte bei seinem Dienstherrn um ein Darlehen von 50.000 Talern gebeten. Majestät sei dazu sehr wohl bereit, wenn er damit eventuelle Schwierigkeiten seitens des Ehemannes ausräumen könne. Es ist Legende, dass Anna Constantia in ihrer von Zorn geprägten Ablehnung folgende Worte gebraucht habe: »Sagen Sie Ihrem König, er kann sich mit seinem Geld eine ganze Herde von Stuten kaufen. Ich bin nicht käuflich!« Keine Legende ist freilich, dass die beiden Herren einen Korb bekamen.
Ob August von der bisher wohl selten erlebten Ablehnung überrascht war, wissen wir nicht. Fakt ist, dass er nicht im Geringsten resignierte. Im Gegenteil, er forciert seine Bemühungen. Die Einladungen nehmen zu, doch gesundheitliche Probleme stoppen ein wenig seinen Elan. Die Leibärzte raten zu einer Kur. Am 21. April beherzigt er den Rat; er lässt sich zwei Woche lang therapieren. August wird zur Ader gelassen und »purgiert«. Diese von alters her praktizierte Therapie ist mit dem Setzen von Klistieren oder auch dem Einnehmen von Brechmitteln verbunden. Im Ergebnis soll der Körper gereinigt und derart die Gesundheit wieder hergestellt werden. Die Purgierkur ist erfolgreich; vier Tage vor seinem 35. Geburtstag reist er nach Leipzig zur Messe.

Kurfürst Friedrich August I. und König August II. von Polen, genannt August der Starke.

Am 12. Mai wird in der Messestadt der Geburtstag gefeiert. Mit dabei ist die Gemahlin des Herrschers, Christiane Eberhardine. An diesem Tag ist sie besonders guter Stimmung. Zum einen deshalb, weil ihre Zuträger bestätigt hatten, dass die seit Jahren präsente Mätresse ihres Ehemannes passé war. Es handelte sich um die damals 25-jährige Gräfin Ursula Catherina von Lubomirska. Die hatte August im Jahr 1700 vom Kaiser zur Fürstin von Teschen erklären lassen.

Vier Jahre später gebar sie ihm einen Sohn, der auf den Namen seines Großvaters Johann Georg getauft wurde. Kurz darauf war die Liaison zu Ende. Ihr Ehemann, so erfuhr Christiane Eberhardine von ihren Spionen, habe ihr gerade eben noch ein Abschiedsgeschenk gegeben, und zwar ein ansehnliches Palais in der Pirnaischen Gasse in Dresden. Damit, versichert man ihr, sei der endgültige Schlusspunkt gesetzt. Der zweite Grund für ihr besonderes Wohlbefinden an der großen Geburtstagstafel ist die besondere Zuvorkommenheit, die ihr der Gemahl, offensichtlich mit großem Vergnügen, zukommen lässt. Selbstverständlich hat sie es munkeln gehört, dass August auf die schöne Frau Hoym erpicht ist. Aber es ist auch wiederholt bestätigt worden, dass er damit bei der Dame auf Granit beißt. An der in Form eines A gebildeten Tafel sitzen etwa 40 Personen. Sie, Christiane, ist an der Seite ihres Mannes platziert. Die Hoym hat man recht weit nach unten gesetzt. Und die Ehefrau beobachtet auch genau, dass es nicht flirtende Blicke von der Schönen hin zum Herrscher gibt. Also scheint sich nun endlich doch alles zum Guten mit ihrer Ehe zu wenden.

Christiane Eberhardine irrt sich. Vielleicht war es ein spezielles Geburtstagsgeschenk, indem ihm Madame Hoym schon vor dem Festessen signalisierte, zur Feier des Tages auf sein Werben einzugehen. Vielleicht trieb sie aber auch nur ihre Leidenschaft an, dem König und Kurfürsten eine gemeinsame Nacht anzukündigen – wir wissen es nicht. Sicher sind aber zwei Fakten: Anna Constantia blieb die Nacht über bei August; Mätresse aber will sie dennoch nicht werden. Natürlich erfährt die Ehefrau schon am nächsten Morgen von dem Vorkommnis. Hochgradig frustriert und enttäuscht verlässt sie Leipzig.

Christiane Eberhardine,
die Gemahlin Augusts des Starken.

Einige Zeit nach der Geburtstagsfeier bricht August von Dresden aus zu einer Kur nach Karlsbad auf. Die ihm begleitende Reisegesellschaft trifft am Pfingstsonntag hier ein. Zur umfangreichen Schar der Begleiter gehört auch das Ehepaar Hoym. Magnus von Hoym hat zwar mittlerweile seine Scheidungsbemühungen forciert und sieht es deshalb nicht gern, als

Ehepaar auf der Gästeliste zu stehen. August freilich hatte aus gutem Grund ausdrücklich verfügt, dass Hoym mit seiner Gemahlin dabei zu sein habe. Vier Wochen lang währt die Kur. Es wird nach einem strengen Plan aus den mineralhaltigen Brunnen getrunken und auch in dem heiß gemachten Mineralwässern gebadet. Vor allem aber wird nach den Trink- und Badekuren üppig gefeiert; bei weitem nicht nur mit den angereisten Begleitpersonen, sondern auch mit einer Vielzahl hochgestellter Persönlichkeiten, die speziell zum Besuch nach Karlsbad eingeladen werden. Die Hoyms sind zumeist bei den Festen mit dabei und oft auch ergibt sich die Gelegenheit, dass August und Anna Constantia allein und ungestört miteinander reden können.

Während der Kur trifft aus Dresden die Nachricht ein, Friedrich Adolf von Haugwitz sei verstorben. Der 68-Jährige war in kursächsischen Diensten als Oberhofmarschall, als Geheimer Rat sowie als Obersteuerdirektor und gehörte zu den besonders wohlhabenden Leuten in der Residenzstadt. August interessiert insbesondere die mit der Todesnachricht verbundene Mitteilung, nunmehr stände das direkt neben dem Schloss gelegene Haugwitzsche Palais zum Verkauf. Er will es erwerben. Nicht um seinen Immobilienreichtum zu vergrößern, sondern um dort ein noch sehr viel prächtigeres Haus zu bauen und es dann Anna Constantia zu schenken.

Der jetzt nun über alle Maßen verliebte Herrscher beschreibt ihr seinen Plan. 10.500 Taler wären der Kaufpreis und die würde er gern ausgeben. Dann wolle er das auf dem Taschenberg stehende Palais des ehemaligen Oberhofmarschalls abreißen und – wie gesagt – ein neues Gebäude errichten. Das Vorhaben will er seinem Hofarchitekten Matthäus Daniel Pöppelmann übertragen. Damit aber nicht genug. Auch das angrenzende Anwesen des vor gut vier Jahren verstorbenen Geheimen Rats und Oberhofmeisters Hans Haubold von Einsiedel in der Kleinen Brüdergasse wird er kaufen – für 8.000 Taler – und im Laufe der Zeit noch mehr, falls sich dazu die Gelegenheit biete. Das alles nur, um sie zu erfreuen, ihr zu huldigen und ihr seine grenzenlose Liebe zu demonstrieren!

Steter Tropfen höhlt bekanntlich den Stein. Vor dem Hintergrund der in die Brüche gehenden Ehe und sehr wohl beeindruckt von den Liebesschwüren lenkt Anna Constantia ein. Aber offizielle Mätresse allein will sie nicht nur sein, erklärt sie. Wenn sie sich schon mit Leib und Seele August hingibt, dann als Ehefrau zur Linken. Gemeint ist eine Doppelehe, eine zweite Vermählung mit Zustimmung der ersten Ehefrau und der Kirche. So etwas kam hierzulande außerordentlich selten vor, aber einige entsprechende Fälle aus der Vergangenheit waren bekannt. Auf der Grundlage eines Gutachtens von Martin Luther praktizierte das beispielsweise Landgraf Philipp von Hessen – 1523 hatte er Christine von Sachsen geheiratet und war 17 Jahre später mit Margarete von der Saale die Nebenehe eingegangen.

August, der 1697 der polnischen Königskrone wegen vom protestantischen zum katholischen Glauben konvertierte, war die Sache politisch zu heikel. Noch immer schwelte deswegen der Zorn bei vielen seiner protestantischen Untertanen. Auch die protestantische Geistlichkeit war gereizt worden; viele einflussreiche Personen hatten ihm das bisher nicht verziehen und würden es wohl auch fortan nie verzeihen. Da wollte er nicht auch noch beim katholischen Klerus mit dem Wunsch nach Absegnung der Zweitehe Öl

ins Feuer gießen. Außerdem, so erklärt er Anna Constantia, wäre er sich vollkommen sicher, dass seine rechtmäßige Gemahlin Christian Eberhardine nie und nimmer ihre leider unbedingt erforderliche Zustimmung geben würde.
Während der Karlsbader Zeit wird dennoch eine Lösung gefunden, die August nach außen hin nicht im geringsten belastet und mit der sich die klug und nüchtern agierende Anna Constantia anfreunden kann. Wie die Verständigung im Einzelnen verlief, wer welchen Vorschlag oder welche Forderung ins Gespräch brachte, kann nur vermutet werden. Das Ergebnis ist hinreichend bekannt. Alles in allem wird in dreierlei Hinsicht eine Einigung erzielt.
Für Anna Constantia ist wohl die Zusage von besonderem Gewicht, dass sie von August nach dem Tod seiner Ehefrau als Kurfürstin und Königin anerkannt wird. Das ist nichts anderes als ein Eheversprechen. Zum zweiten sichert sie sich eine jährliche Apanage von 100.000 Talern. Um das Ausmaß dieser enormen Pension zu verstehen, seien zwei Vergleichszahlen genannt. Gut zehn Jahre später hatte August den Abriss der alten Frauenkirche in Dresden verfügt und den Bau einer neuen in Auftrag gegeben. Von dem Architekten George Bähr waren dafür 103.000 Taler veranschlagt worden; Gottfried Silbermann, der jahrelang damit verbrachte, die Orgel für diese Kirche zu erschaffen, musste darum kämpfen, 4.000 Taler als Lohn zu bekommen!
Die dritte Vereinbarung schließlich dürfte für August keinerlei Bedenkzeit mit sich gebracht haben, nämlich die Legalisierung gezeugter Kinder als Prinzessinnen oder Prinzen. Das hatte er schon mit seinen bisherigen Mätressen so gehalten oder die Kinder zumindest später legitimiert. Und er sorgte bei allen für eine

glanzvolle Karriere. Sohn Moritz aus der Affäre mit Maria Aurora von Königsmarck brachte es bis zum Rang eines französischen Marschalls; Friedrich August aus der Liaison mit Fatima bekam das Grafendiplom und brachte es bis zum Generalfeldmarschall; Johann Georg aus der schon oben genannten Verbindung mit Ursula Catherina von Lubomirska wurde Oberkommandierender der sächsischen Armee.
In der Folgezeit entsteht nun ein Vertrag, in dem die Vereinbarungen fixiert werden. Der verliebte Kurfürst und Monarch setzt auf das Vertragswerk noch ein i-Tüpfelchen: Das Rittergut Pillnitz wird ihr als persönliches Eigentum übertragen, und zwar mit der ausdrücklichen Zusicherung, es ihren Kindern vererben zu können.
Am 24. August 1705 bezieht »Madame Hoymin ihr Hauß aufm Taschenberge« meldet der Hofkalender. Der Herrscher ist glücklich, sie wohl auch. Sie unterstellt ihm, dass nunmehr die Zeit der Affären zumindest für die nächsten Jahre vorbei ist. Ein weiterer Irrtum, der bis heute nachwirkt.

August so gebannt, dass er jahrelang ohne Affären war?

Das Jahr 1706 lässt sich für Anna Constantia gut an. Zum einen ist sie ab 8. Januar nicht mehr von den Launen ihres Ehemannes abhängig, denn ab diesem Datum wird ihre Ehe mit Hoym als nach Recht und Gesetz geschieden erklärt. Zum anderen beginnen die Architekten Johann Friedrich Karcher und Matthäus Daniel Pöppelmann mit der Arbeit am Taschenbergpalais. Sie ziehen dabei sogar auch Vorgängerbauten mit ein.

Mit den von Tag zu Tag sichtbarer werdenden Konturen des barocken Palais steigt das Glückgefühl der jungen Frau. Sie kann sich vorerst nicht vorstellen, dass sich der Herrscher weitere Liebschaften neben ihr leistet, zumal er sie mit einer Fülle von Aufmerksamkeiten versieht. Hinzu kommt, so überlegt sie, dass ja August durch den nun schon Jahre andauernden Nordischen Krieg gegen Schweden und Livland wahrlich keine Zeit auch noch für erotische Abenteuern haben dürfte. Ende Januar begibt er sich mit etwa 160.000 Soldaten und Offizieren auf den langen und beschwerlichen Marsch nach Polen, um hier gegen die Truppen Karls XII. zu kämpfen. Anna Constantia reist ihm von Dresden aus nach Warschau nach. Hier erfährt sie schließlich, dass sie sich täuschte!

Wahrscheinlich während einer Theatervorstellung in Warschau hatte August die Tänzerin Henriette Renárd kennengelernt. Er fing Feuer und beauftragte ausgerechnet einen Vetter Anna Constantias damit, ein Rendezvous zu organisieren. Strengste Diskretion würde er unbedingt voraussetzen. Vetter Christian Detlev von Rantzau kannte seine Base gut genug, um zu wissen, wie kompliziert die Aufgabe war. Man fand eine originelle Lösung, von der wir in unseren Buch »Die Affären Augusts des Starken« ausführlich erzählen.

Henriette Renárd.

Trotz aller Vorsicht schöpfte Anna Constantia Verdacht. Da kamen die Herren auf die Idee, die Tänzerin als Mann verkleidet zu August kommen zu lassen! Wochen später erzählt der gutgelaunte Monarch prustend vor Lachen Anna Constantia davon. Die stürzt aus allen Wolken! Es tröstet sie auch wenig, dass er dafür gesorgt hat, sich fortan Reichsgräfin Cosel nennen zu dürfen.
Am Rande sei angemerkt, dass die Liebschaft mit der Renárd noch Monate anhält; 1707 wird ein von August gezeugtes Mädchen geboren und auf den Namen Anna Catherina getauft. Sie entwickelt sich zur Lieblingstochter ihres Vaters.
Im Sommer 1707 teilt Anna Constantia dem Herrscher mit, dass sie schwanger ist. Nun hofft sie, dass die bevorstehende Mutterschaft dazu beiträgt, weitere Eskapaden Augusts zu verhindern. Am 24. Februar 1708 wird das Kind geboren; es ist ein Mädchen. August weilt an ihrem Bett, um die Angst seiner Geliebten vor der Entbindung zu mildern. Selig vor Glück einigen sie sich auf einen symbolträchtigen Namen, und zwar Augusta Constantia.
Rund zweieinhalb Monate vor der Geburt – am 8. Dezember 1707 – hatte die werdende Mutter Pillnitz in Besitz genommen. Zu dem weitläufigen Areal gehören eine Häusersiedlung, zwei Gutshöfe, eine Kirche sowie ein burgähnlicher Bau im Renaissancestil. Gern weilt Anna Constantia in den auf ihre Veranlassung hin erweiterten Gemüse-, Blumen- und Obstgarten. Sie löst die Gestaltung eines Barockgartens in streng symmetrischer Anordnung im modischen französischen Stil aus. Das alles steigert ihr Glücksgefühl. Sie ahnt nicht im Geringsten, dass ihr August später einmal Pillnitz wieder wegnehmen wird und zum »Königlich Polnischen und Churfürstlichen

Sächsischen Schloß« umgestaltet. Das geschieht freilich erst 1719; momentan scheint das Verhältnis zwischen den beiden wieder ungetrübt zu sein.

Augusta Constantia von Cosel.

Trotz der Glücksseligkeit auch des Herrschers dauert es nicht lange, bis August ein neues Objekt seiner Begierde entdeckt. Er hält sich in Brüssel inkognito unter dem Namen Graf von Torgau auf. Wiederum ist es eine Tänzerin, die ihm während einer Theateraufführung ins Auge springt. Angelique Duparc, so ihr Name, verbringt eine Nacht mit dem Mann aus Sachsen und wird von ihm anschließend nach Dresden eingeladen, um sich dort am Hoftheater als Ballerina zu verdingen. Hier geht die Liaison weiter. Natürlich bleibt das am Hofe nicht geheim, so dass auch bald schon die Cosel davon erfährt.

Angelique Duparc.

Gräfin Cosel im Alter von etwa 29 Jahren.

Im Oktober 1709 wird die Gräfin 29 Jahre alt. Im selben Monat wird ein weiteres Kind geboren. Enttäuscht ist die Mutter davon, dass es sich auch diesmal wieder um ein Mädchen handelt. Nun schon we-

Friederike Alexandrine von Cosel.

niger euphorisch verständigen sich Anna und August, das Mädchen auf den Namen Friederike Alexandrine zu taufen.
Drei weitere Jahre später bringt die Gräfin endlich den langersehnten Sohn zur Welt. Das geschieht genau an ihrem 32. Geburtstag am 17. Oktober 1712. Dieses Geburtsdatum für den langersehnten Jungen sieht die Mutter als einen guten Wink des Schicksals an. Der Junge bekommt den Vornamen seines Vaters – Friedrich August.

Friedrich August von Cosel.

Schon im Folgejahr muss Anna Constantia Dresden verlassen und sich nach Pillnitz zurückziehen. August hätte es satt gehabt, dass sie sich unentwegt in Staatsangelegenheiten eingemischt habe, ist die verbreitete Meinung. Auch das ist ein Irrtum.

Zum Ärger Augusts sich politisch eingemischt?

Es gibt eine Vielzahl von Belegen dafür, dass August nicht allein von der Schönheit der Cosel fasziniert war. Er schätzt auch ihre Intelligenz und ihr kluges Geschick, komplizierte Situationen zu meistern.

BEISPIELSWEISE WEILTE SIE im Frühsommer 1708 in Leipzig, weil sie der Herrscher mit einer wichtigen Mission beauftragt hatte. Prinz Eugen von Savoyen, ein im Dienst der Habsburger stehender Staatsmann, hielt sich in der Messestadt auf. August war daran gelegen, dem Vertrauten und Ratgeber Kaiser Josephs I. zu schmeicheln. Das geschah mit einem prächtigen Empfang, dessen Vorbereitung und Durchführung er der Cosel übertrug. Die erledigte das mit allergrößter Umsicht und so erfolgreich, dass sie in Dresden mit Lob überschüttet wird.
Auch bei den vielen Hoffesten sieht es August gern, wenn sich seine offizielle Mätresse diplomatisch einbringt. Wir nennen ein weiters Beispiel: Als der dänische König Frederik IV. im Mai 1709 Dresden besucht, wird von dem sächsischen Herrscher höchstpersönlich ein Festprogramm konzipiert. Dazu gehört ein Damenringrennen. August verfügt, dass in der von Frederik dirigierten Kutsche die Cosel zu sitzen hat – der dänische Monarch empfindet das als besondere Ehre! Und selbstverständlich hat der Sachse der Cosel gesagt, was sie bei passender Gelegenheit ins Gespräch bringen soll!

Der Wagen der Gräfin Cosel
mit dem dänischen König als Wagenlenker.

Solche und ähnliche Aktivitäten erfreuen zwar den Kurfürsten und König, aber nicht jene Personen am Hof, die dessen Politik als Minister umsetzen sollen. Bevor wir von weiteren, von der Cosel hervorgerufenen Ärgernissen bei den Hofschranzen erzählen, soll an einem andersartigen Beispiel gezeigt werden, wie selbstbewusst mittlerweile die Gräfin agiert. Anfang März 1710 hatte sie ihre Kinder nach Depenau zu den Großeltern bringen lassen. Dann folgte sie dem König nach Polen. Als sie gegen Jahresende nach Dresden zurückkehrte, stellte sie fest, dass ein von ihr besonders geliebtes Gebäude abgerissen worden war. Zum Opfer gefallen war das kurfürstliche Reit- und Schießhaus am Schloss. Im Auftrag Georg II., des Großvaters von August, hatte es Wolf Caspar von Klengel erbaut. Die Cosel hatte zwar den 1691 verstorbenen Baumeister nicht mehr persönlich kennengelernt, schätzte ihn aber sehr als Begründer jener barocken Baukunst, die ihr in Dresden so reichlich begegnete. Hochgradig verärgert und zornig legte sie sich mit den Instanzen an, die den Abrissfrevel verursacht hatten. Die nehmen mit nicht geringer Überraschung zur Kenntnis, dass solche Aktivitäten künftig mit der Mätresse abzustimmen seien! August wird den Zorn seiner Geliebten, wenn überhaupt, ohne Groll vernommen haben.

Im selben Jahr kommt es nun aber zu einer Auseinandersetzung, die für das Schicksal der Cosel folgenreich sein wird. Ihr Kontrahent war der damals 43-jährige Jacob Heinrich Reichsgraf von Flemming. Ihm hatte August entscheidend zu verdanken, dass er 1697 zum polnischen König gewählt worden war. Ursprünglich als Gesandter Sachsens in Warschau tätig, ernannte ihn der Kurfürst 1705 zum General der Kavallerie, dann zum kurfürstlich-sächsischen Generalfeldmarschall und Kabinettsminister. Mit diesem einflussreichen Mann disputiert die Cosel über die ihrer Meinung nach miserable Polenpolitik. Der gewiefte Flemming hält die Auseinandersetzung in einer Protokollnotiz fest. Das wird Munition sein, wenn er sie braucht. Und das er sie brauchen wird, ist sich Flemming sicher!

Die Einmischungsversuche der Gräfin setzen sich fort. Nun kritisiert sie gegenüber Flemming auch rein militärpolitische Angelegenheiten. Der registriert, dass die Cosel sogar August von ihren Ansichten überzeugen kann.

Das Fass zum Überlaufen bringt wohl ein Vorgang, der sich im Frühjahr 1712 ereignet. Am kurfürstlichen Hof war die Funktion des obersten Verwaltungsbeamten – des Hofmarschalls – neu zu besetzen. Dem Amt sind sämtliche Wirtschaftseinrichtungen unterstellt. Man ist also gut beraten, sich mit dem Hofmarschall gut zu stellen. Der Wunschkandidat Flemmings ist August Christoph Graf von Wackerbarth. Die Cosel mischt sich ein und bringt Woldemar Freiherr von Löwendahl ins Gespräch. Die Gründe dafür sind uns nicht bekannt, wohl aber, dass sie sich durchsetzt und sich derart Flemming endgültig zum Feind macht. Am Rande sei angemerkt, dass sich der von Anna Constantia protegierte Löwendahl kurze Zeit später ebenfalls zu einem Widersacher der Gräfin entwickelt.

Jacob Heinrich Reichsgraf von Flemming.

Keine der von seiner Mätresse ausgehenden Aktivitäten außerhalb des Liebeslebens ärgert August so sehr, dass er beschließen würde, sich von ihr zu trennen. Es ist vor allem Flemming, der ihm einredet, als König von Polen ginge es auf Dauer nicht gut, wenn er keine polnische Geliebte habe! Wenn es dazu noch eine Schöne aus einem noblen polnischen Adelsgeschlecht sei, wäre das für die Machterhaltung im Königreich außerordentlich nützlich. Er hätte da ein exzellentes Angebot parat. Die mittlerweile wohlhabende Cosel würde sich zügig entfernen, und Majestät würde sich glücklicher denn je fühlen, fügte er hinzu. Flemming irrt sich mit beiden Prophezeiungen …

Die Cosel sei geflohen – August habe aufgeatmet?

In dem Buch »Die Affären Augusts des Starken« haben wir detailreich geschildert, wie es Jacob Heinrich von Flemming anstellte, eine passende Mätresse polnischen Geblüts zu finden. Zugleich erzählen wir, wie er dann die Liaison geschickt einfädelte. Hier soll aufgeschrieben werden, dass es um Maria Magdalena, die Tochter des Oberhofmarschalls Bielinski, ging. Die war zwar mit dem Grafen Dönhoff verheiratet, aber das sollte kein Hindernis sein.

ALS AUGUST IN Warschau während eines speziell organisierten Banketts mit der 20-jährigen Dönhoff Bekanntschaft schloss, war er nicht besonders beeindruckt. Die Gräfin bestach zwar durch ein wohlgefälliges Aussehen, aber langweilte sehr durch einen ziemlich schlichten Geist. Die nicht sonderlich ausgeprägten intellektuellen Fähigkeiten stachelten die Bemühungen Flemmings mehr an als das sie ihn zähmten – von einer solchen Mätresse würde nicht die Gefahr wie von einer Cosel ausgehen. Er zog den einflussreichen Friedrich Vitzthum von Eckstädt mit ein, der sich ja schon einmal als Postillon d' Amour gegenüber der damaligen Anna Constantia von Hoym eingebracht hatte. Allmählich baute sich nun die Affäre mit der Polin so sehr aus, dass man August im Dezember 1713 überreden konnte, die Dönhoff mit nach Dresden zu nehmen. Ja, die Vasallen überzeugten den Herrscher sogar, den Befehl zu Papier zu bringen, die Cosel habe sich schleunigst nach Pillnitz zu begeben.

Maria Magdalena von Dönhoff.

War August nun froh über den Stand der Dinge, hat er aufgeatmet, und war er vielleicht sogar so glücklich wie einst mit Anna Constantia? Ein Vorkommis schon bald nach der Ankunft in Dresden deutet auf das Gegenteil hin:
Während eines Hofballs reißt er mit stieren Augen und Wutausbrüchen seiner ihm huldigenden und dabei vermutlich dümmlich grinsenden neuen Mätresse die

Kleider vom Leibe. Er wird dabei immer zorniger und hört erst auf, als die Dönhoff nahezu nackt ist. Diese Handlung wird vielerseits als Indiz dafür interpretiert, dass August an diesem Abend besonders frustriert darüber war, die ihn auch durch ihren Intellekt reizende Mätresse Cosel gegen eine mit kaum vorhandenen geistigen Potenzen ausgetauscht zu haben. Einige am Hofe meinten, das Vorkommnis erkläre sich durch Hexerei, die von der Gräfin Cosel ausgehe. Man sollte ihr den Prozess machen! Auch das ist Wasser auf die Mühle der irrigen Auffassung, Anna Constantia sei aus Furcht vor der Rache des Landesherrn geflüchtet und auf der Flucht dingfest gemacht worden. Was geschah wirklich?

Weisungsgemäß hält sich die Gräfin seit dem 22. Dezember 1713 in dem ihr eigenen Pillnitz auf. Im Folgejahr ergeht die Anordnung, den Ort erst dann verlassen zu dürfen, wenn sie den vor neun Jahren in Karlsbad ausgehandelten Vertrag mit dem Eheversprechen zurückgibt. Nun ist guter Rat gefragt. Schon vor längerer Zeit erschien es ihr sicherer, wenn sie das Vertragswerk im Familienarchiv in dem nordwestlich von Itzehoe gelegenen Drage deponiert. Auf dem Gut in Drage hat seit 1697 ihr oben schon erwähnter Vetter Christian Detlev von Rantzau das Sagen, der in die Geschichtsschreibung als streitsüchtiger Zeitgenosse eingegangen ist. Ob der Vertrag unter dem windigen Vetter in Anbetracht der neuen Situation noch sicher aufgehoben ist, scheint ihr fraglich. Eigentlich müsste sie sich spornstreichs auf den Weg nach Drage machen. Zuvor hat sie in Leipzig Geldgeschäfte zu erledigen. Voller Zuversicht sendet sie die Bitte zur Genehmigung der Reise an den Oberhofmarschall Löwendahl. Sie ist sich gewiss, dass er ihren Wunsch nicht abschlagen wird, die Messestadt aufsuchen zu dürfen. Woldemar von Löwendahl verwehrt ihr das! Jetzt wird der Gräfin klar, wie nachdrücklich die Anordnung ist, Pillnitz nicht verlassen zu dürfen. Das dürfte ihre Entscheidung befördern, nun doch den Vertrag zurückzugeben. Als ihr zugetragen wird, dass sich Rantzau in Berlin aufhält, beschließt sie, ihn dort aufzusuchen. Am 12. Dezember 1715 macht sie sich still und leise auf den Weg nach Preußen.

»Flucht der Gräfin Cosel« nannte Hermann Reinl die von ihm 1913 für die Volkstedter Porzellanmanufaktur Rudolstadt gefertigte Plastik. Sicher hat auch diese Plastik zu der irrigen Meinung beigetragen, die Cosel habe versucht, sich vor den Häschern des Landesherrn in Sicherheit zu bringen. Ihr Beweggrund war freilich, wie soeben erzählt, ein anderer.

Die Porzellanplastik »Flucht der Gräfin Cosel«.

Als sie in Berlin eintrifft, muss sie registrieren, dass ihr Vetter wegen des Verdachts der Homosexualität in der Festung Spandau einsitzt. Es vergehen Monate. Dann lässt Rantzau ihr mitteilen, wenn sie für ihn 15.000 Taler aufbrächte, käme er frei und dann bekäme sie auch den Vertrag ausgehändigt. Im Oktober 1716 bricht sie nach Halle auf. Im nahen Leipzig hat sie Geld gebunkert. Außerdem hat sie verschiedenen Personen Geld geliehen, fast 400.000 Taler! Sie hofft, einem von ihr Beauftragten und Bevollmächtigten wird es gelingen, zumindest das benötigte Geld ausgehändigt zu bekommen und dann über die kursächsische Grenze hinweg ins preußische Halle transportieren zu können.
Bei der Geldübergabe in der Saalestadt sei sie dann von sächsischen Truppen gekidnappt worden, ist die landläufige Meinung …

Im Preußischen von sächsischen Truppen gekidnappt und schnurstracks nach Stolpen gebracht?

Ganz geheuer war es den einflussreichen Herren am kursächsischen Hof in Dresden nicht, als ihnen mitgeteilt wurde, die verflossene Mätresse sei in Berlin. Der dortige sächsische Gesandte, Graf Ernst Christoph von Manteuffel, empfing schon nach kurzer Zeit eine Depesche: Er habe bei der preußischen Regierung vorstellig zu werden, dort die Verhaftung der »geflohenen« Gräfin durchzusetzen und ihre Überstellung nach Sachsen zu erreichen.

MANTEUFFEL REAGIERTE SOFORT. Er stieß durchaus nicht auf taube Ohren, doch zunächst lief ein gemächlicher preußischer Verwaltungsapparat mit unendlich vielen Rädchen an. Weil man mehr und mehr am Dresdner Hof ungeduldig wird, drängt auch Manteuffel immer intensiver und breiter. Dank seiner hartnäckigen Vehemenz erreicht der Vorgang schließlich den preußischen König Friedrich Wilhelm. Der entscheidet, die Gräfin aus dem Sächsischen ist sicherheitshalber erst einmal zu inhaftieren!

Die Gräfin ist allerdings nicht mehr in Berlin. Nichtsahnend von den Vorgängen auf der diplomatischen Ebene hatte sie die erwähnte Reise in die Saalestadt angetreten und sich auch dort wie zuvor in Berlin völlig sicher gefühlt. Gemäß der Weisung des preußischen Königs wird sie in Halle verhaftet und in verschärften Arrest gebracht. Nun setzen sich die Preußen mit den Sachsen speziell in Verbindung. Ja, mit der Überstellung aus preußischem in sächsisches Gewahrsam sei man grundsätzlich einverstanden, bekommt Manteuffel zu hören. Doch diese Gefälligkeit müsse schon vergolten werden. Man wünsche sich die Rückführung von nach Sachsen desertierten Soldaten der preußischen Armee, um sie dann nach preußischem Gesetz bestrafen zu können. Von Sachsen kommt eine rasche Zusage. Jetzt nimmt das Schicksal der Cosel jenen Lauf, der schließlich auf der Burg Stolpen endet.

Graf Ernst Christoph von Manteuffel.

Ein Trupp sächsischer Soldaten setzt sich in Bewegung, marschiert in das Königreich Preußen ein und übernimmt in Halle im Rahmen eines offiziellen Akts die inhaftierte Gräfin. Am 21. November 1716 verfrachtet man die Gefangene in eine primitive Kutsche. Von zahlreichen Soldaten eskortiert geht es zurück nach Kursachsen. Auch hierzu kursiert die irrige Auffassung, der Transport sei innerhalb weniger Tage in Stolpen eingetroffen. Wahr ist, dass von der Überführung ins Sächsische bis zum Eintreffen in der legendären Festung noch mehr als ein Monat vergeht. Und während dieser Zeit geschieht der Gräfin etwas besonders Schlimmes, von dem wir in dem Buch »Die miserabele Gräfin Cosel« ausführlich erzählt haben. Hier soll wenigstens das Kerngeschehen reflektiert werden.

Das Schloss in Merseburg.

Als sich während der Fahrt von Halle aus in der trüben vorletzten Novemberwoche die Dunkelheit einstellt, beschließt die Eskorte, in dem Schloss in Merseburg zu übernachten. Hier residieren die loyalen Herzöge von Sachsen-Merseburg; das vor etwa einem Jahrhundert tiefgreifend umgebauten Schloss bot vielfältige Möglichkeiten, eine Flucht der Gefangenen auszuschließen. Dennoch wurden zwei Offiziere vor der Unterkunft der Gräfin postiert. Kaum ist Ruhe im Schloss eingekehrt, dringen die beiden Sachsen in das Zimmer ein. Sie reißen der Cosel die Kleider vom Leib und vergewaltigen sie mehrfach.

Das Schloss Nossen.

Gegen Mittag des nächsten Tages geht die Reise weiter; am 23. November trifft der Gefangenentransport auf Schloss Nossen ein. Da hier schon siebzig ausgewählte, gut ausgebildete Soldaten eines Wachkommandos präsent sind, liegt die Vermutung nahe, dass das düstere Bauwerk als bleibender Verbannungsort bestimmt worden ist. Drei größere, massiv gesicherte Räume und eine Kammer sind vorbereitet – für die Gefangene, ihren Sekretär, ein Kammermädchen und einen Kammerdiener.

Vier Tage nach der Ankunft in Nossen – am Abend des 27. November – erleidet die Gräfin einen Schlaganfall. Die sofort an den kursächsischen Hof nach Dresden gehende Zustandsbeschreibung der Kranken ist dramatisch. Die rechte Körperseite wäre völlig gelähmt, dazu habe sie hohes Fieber und phantasiere häufig. Selbst ein Versterben wird nicht ausgeschlossen. Jacob Heinrich Reichsgraf von Flemming hat vom König den Auftrag, die Aushändigung des Ehevertrages zu besorgen. Deshalb nimmt er die Nachricht keineswegs mit Wohlwollen zur Kenntnis. Eine nicht mehr am Leben weilende Gräfin Cosel würde dass nicht nur erschweren, sondern auch den Missbrauch des Vertragswerkes durch Dritte nicht ausschließen! Da kann man die Behandlung nicht irgendeinem Dorfmedicus überlassen. Wohl in Abstimmung mit August beordert Flemming dessen Leibarzt, Hofrat Dr. Tropaneger, nach Nossen.

Nach wiederholten Besuchen des Hofmedicus bessert sich der Zustand der Patientin zwar ein wenig, aber insgesamt ist er immer noch besorgniserregend. Unabhängig davon berichtet der Kommandant des Wachpersonals, Hauptmann Johann Holm, stetig an Hofmarschall Woldemar Freiherr von Löwendahl über die Sicherheitsvorkehrungen. In Anbetracht der

Krankheit sind viele unvorhergesehene Maßnahmen erforderlich, die er nahezu täglich dokumentiert.
An Hand der Berichte verfolgt der Hofmarschall in Dresden aufmerksam das Geschehen. Am 9. Dezember erhält er einen Brief Augusts des Starken aus Warschau. In dem Schreiben räumt ihm der Monarch hinsichtlich der Unterbringung der ehemaligen Mätresse völlig freie Hand ein. Schon nach wenigen Tagen gibt Löwendahl die Order, dass »Theater von Nossen« müsse beendet werden. Schleunigst habe man die Gefangene auf die viel sichere Festung Stolpen zu bringen!
Der Gesundheitszustand der Gräfin lässt einen Transport im Sitzen nicht zu. Es vergeht einige Zeit damit, eine Kutsche entsprechend herzurichten. Am 24. Dezember ist alles erledigt; die Gräfin wird erneut verfrachtet. Die Fahrt nach Stolpen beginnt.

Auf Burg Stolpen erbärmlich untergebracht?

Seit 1559 gehört die schon im 12. Jahrhundert urkundlich belegte Burg zum Besitz der Wettiner – Kurfürst August hatte gegenüber dem Meißner Bischof Johann IX. von Haugwitz den Tausch gegen das kurfürstliche Amt Mühlberg durchgesetzt.

SCHON BALD NACH dem Besitzerwechsel erkennen die neuen Herren, dass sich das Bauwerk hervorragend für die Inhaftierung wichtiger Persönlichkeiten eignet. Als beispielsweise im letzten Viertel des 16. Jahrhunderts viele Geistliche wegen der zunehmenden calvinistischen Elemente protestierten und sich speziell über die populären Hofprediger Johann Samuth und David Steinbach beklagten, sperrte man jene auf der Burg Stolpen ein. In zweierlei Hinsicht ist das düstere Bauwerk als Gefängnis favorisiert. Zum einen gibt es diverse Kammern mit dicken Mauern. Sollte zum anderen aber ein Gefangener dennoch fliehen können, war die Lage der Burg fernab von einer größeren Stadt für sein Aufspüren günstig; das Land bot viel weniger Versteckmöglichkeiten.
Wie war das Domizil der Gefangenen in der bedrohlich aussehenden Feste beschaffen?
Eines der in der Cosel-Literatur häufig zu sehenden Bilder gibt eine Einrichtung wieder, deren Funktion Johann Heinrich Zedler, ein Zeitgenosse der Gräfin, so beschreibt:
»Secret, Privet, das Häusgen, oder heimliche Gemach, der Abtritt, Lat. Locus secretus, feceffus, Latrina, ist der nothwendige Ort bey einer Haushaltung, dahin

der Mensch, seinen Leib zu erleichtern, Abtritt nehmen kann.«

Blick in den Aborterker des Johannisturms (heute »Coselturm«).

Die Abbildung induziert die irrige Vorstellung, die Gefangene sei auf der Burg höchst erbärmlich untergebracht gewesen. Auch das ist ein Irrtum!
Als die Cosel Weihnachten 1716 in Stolpen eintrifft, wird für Sie im repräsentativen Zeughaus Quartier bereit gehalten. In dem herrschaftlichen Gebäude stehen ihr insgesamt acht Zimmer auf zwei Etagen zur Verfügung. Vor anderthalb Jahrhunderten hatte Kurfürst August viel Geld investiert, um für seine Gemahlin Anna eine prächtige Wohnung in der zweiten Etage des Zeughauses zu schaffen. Auch wenn die Spuren der Zeit sichtbar sind, wirkt hier der Glanz jener Zeit immer noch nach. Zum Wohnkomfort hinzu kommen fünf Bedienstete, die ihr rund um die Uhr zur Verfügung stehen. Am Rande sei hier ange-

merkt, dass vorerst Hofrat Dr. Tropaneger wiederholt anreisen muss, weil sich der Gesundheitszustand der Gräfin erneut verschlechtert hat.

Über viele Jahre hinweg kann die Staatsgefangene mit ihrer Unterbringung durchaus zufrieden sein. Doch nach mehr als zwei Jahrzehnten ihres Aufenthaltes gibt es zunehmend Probleme mit der Bausubstanz. Es bilden sich Risse in den Wänden, die das Einziehen von gewaltigen Eisenankern erfordern. Auch der Fußboden senkt sich stellenweise. Im Sommer 1743 tobt ein fürchterliches Gewitter über der Burg. Ein Blitzeinschlag im Zeughaus ruiniert die Küche und zertrümmert Möbel. Knapp zwei Jahre später bricht im Wohnzimmer der Gräfin ein riesiger Ofen zusammen. Dabei wird sie erheblich verletzt. Nun sieht die Cosel die Zeit gekommen, um ein neues Quartier ersuchen zu müssen.

Schon 1742 hatte man auf der Burg erkannt, dass ein Wechsel der Unterkunft notwendig würde, und mit dem Ausbau des Johannisturms zu Wohnzwecken begonnen. 1744 bezieht die Gräfin die neu hergerichtete Unterkunft. An der rechten Seite des Turms sieht man jenen Vorsprung, in dem sich das oben genannte »Secret« befindet. Die Nutzung solcher Vorwölbungen als »Scheißnasen« war selbst ein Jahrhundert später noch üblich, ist also kein Beleg für eine erbärmliche Unterkunft.

Der Johannisturm war schon 1509 zu Zwecken der Verteidigung gebaut worden, und zwar mit so großen Räumen, dass darin massive Kanonen platziert werden konnten. Der Wehrturm bot nun die Möglichkeit, in den einzelnen Etagen mit vertretbarem Aufwand zumindest je ein akzeptables Zimmer einzurichten.

Ganz unten war die Küche installiert worden. Die bietet soviel Platz, dass hier auch die Mahlzeiten eingenommen werden können und die Cosel dazu in der Küche einer ihrer Lieblingsbeschäftigungen nachgehen kann: Destillieren von Wasser zur Körperpflege und Herstellung von heilenden Kräuterpräparaten oder auch zu kosmetischen Zwecken. An dieser Stelle sei angemerkt, dass eines ihrer weiteren Steckenpferde das Lesen ist. Sie ist dankbar dafür, dass ihre umfangreiche Bibliothek mit rund 3.000 Büchern im Zeughaus verbleiben darf.

Der Johannisturm.

In der Etage über der Küche hatte man das Wohnzimmer geschaffen, das man sogar mit Parkett aus Eichenholz ausstattete.

Blick in das Coselsche Wohnzimmer im Johannisturm.

Im Stockwerk darüber schließlich war das Schlafzimmer eingerichtet worden. Hier befindet sich der oben erwähnte Abort-Erker; vom Schlafzimmer aus ist er durch einen Holzverschlag zu erreichen.
Für die nach wie vor vorhandene, wenn auch von fünf auf drei Personen reduzierte Dienerschaft gibt es separate Unterkünfte, einen Raum für die Magd und

einen für den Stubenheizer. Alles in allem besteht auch im Johannisturm ein Komfort, der zwar gegenüber dem Zeughaus deutlich abfällt, aber bei weitem nicht als erbärmlich gelten kann.

Gräfin Anna Constantia von Cosel
im Alter von etwa 60 Jahren,
Gemälde eines unbekannten Künstlers.

Zum Zeitpunkt des Umzugs ist Anna Constantia von Cosel 64 Jahre alt. Im Verlauf der nun folgenden Jahre lässt sie zunehmend mehr – wohl auch im Hinblick auf sich selbst – die Zügel schleifen. Das belegt eine Notiz des Stolpener Amtspächters Christoph Friedrich Gülden. Nach einem Besuch bei der Gräfin Anfang der sechziger Jahre notiert er:

»In vorgedachtem kleinen Wohnzimmer waren keine Tapeten, 2 alte sehr schadhafte Stühle, eben soviel hölzerne kleine schlechte Teller, ein groß hölzern Bett ohne Vorhang, und der Gräfin eigner Stuhl, darauf sie zwischen 2 hölzernen Seitenlehnen ohne Rücken Stück, auf 2 alten übereinander liegenden Federkissen, den Rücken allzeit dem Ofen zukehrend geseßen. Durch den vielen Rauch und Dampf einer mitten im Zimmer von der Decke herabhängenden Lampe welche vom Abend bis am hellen Morgen brennen mußen, war alles so schwarz worden, daß man den Zeiger einer an der Wand stehenden schlechten Schlaguhr nicht erkennen konnte.«

Am 31. März 1765, vormittags gegen 11.00 Uhr, stirbt die einst im Mittelpunkt des gesellschaftlichen Geschehens stehende Frau – nur die beiden Dienstboten stehen an ihrem Sterbebett. Jahre später ist angeblich ihre Grabstelle verschwunden und kuriose Sagen dazu machen die Runde.

Wohnzimmer der Gräfin im Coselturm auf Burg Stolpen.

Porträt der Cosel auf Burg Stolpen.

Ihre Grabstelle sei nicht mehr genau zu orten?

Am 30. März 1760 – fünf Jahre vor ihrem Ableben – setzt die Gräfin ihr Testament auf. Selbstverständlich fixiert sie, wer sie beerben soll. Darüber hinaus legt sie aber auch fest, wie ihr Begräbnis vonstatten zu gehen hat und wo sie begraben werden will. Sie wählte dafür den Schafberg in dem vor den Toren Stolpens gelegenen Dorf Langenwolmsdorf. Auch dieser Ort war 1559 vom Bistum Meißen zu den Wettinern übergegangen. Ein Jahrhundert später wurde hier eine Schäferei begründet, die wohl namensgebend für den Berg war. Seit 1874 gehört Langenwolmsdorf zu Stolpen.

WIR WISSEN NICHT, warum sich die Cosel den Schafberg als Begräbnisort ausgesucht hatte, wohl aber, dass ihr Wunsch nicht erfüllt wurde. Sie wird am 4. April 1765, nachmittags drei Uhr, in der Burgkapelle bestattet. Der Pfarrer notiert den Vorgang im Kirchenbuch und versieht sich dabei im Datum, indem er den 5. April ausweist.
Knapp ein halbes Jahrhundert später weilen Napoleons Völkerschlachtsoldaten auf der Burg. Als sie im Juli 1813 eintreffen, errichten sie hier Verteidigungsbauten. Ende August ziehen die Truppen wieder ab und sprengen zuvor verschiedene Gebäude, unter anderem das Zeughaus und die Kapelle. Der Schutt verdeckt das Grab der Gräfin und allmählich überwuchert Gestrüpp das gesamte Terrain – das Grab ist verschollen.

Vor diesem Hintergrund entsteht die folgende Sage: In einer Höhle im Schafberg ist die Gräfin Cosel begraben. Ruhelos wandert sie bei Tag und Nacht herum und verschenkt Geld, das sie mit ins Grab genommen hat, an jene Personen, die vor ihr nicht flüchten. Als ein Schäfer auf dem Berg weilt, erscheint plötzlich eine schöne Jungfrau mit einem weißen Kleid und einem schwarzen Gürtel. Die Jungfrau fragt, ob er zum Helfen bereit sei. Als er ja sagt, winkt sie ihm, ihr zu folgen. Dann hat sich der Berg aufgetan und zu sehen waren ein Gang und eine weite Halle. Im Hintergrund befand sich ein breiter Wassergraben, über den aber keine Brücke ging. Nun hat die Jungfrau gesagt: »Los, spring hinüber!« Der Schäfer aber hatte Furcht und antwortete: »Er ist zu breit.« Die Schöne forderte ihn nochmals auf und nun versuchte er es. Es war vergeblich, weil er schon alt und sehr steif war. Nunmehr tat sich jenseits des Grabens ein großes Tor auf und gab den Blick auf einen gewaltigen Saal frei. Hier saßen viele Männer mit langen weißen Bärten und einer rief: »Abermals umsonst, noch hundert Jahre!« Plötzlich war alles wieder weg und der Schäfer fand sich erst nach Mitternacht wieder nach Hause. Die Sage erreichte zunehmende Popularität, als nach dem Erscheinen des im Vorwort genannten Buches von Kraszewski das längst verloren gegangene breite Interesse an dem Schicksal der Gräfin Cosel schlagartig anstieg. Das wiederum stimuliert einen Professor des Königlichen Polytechnikums in Dresden dazu, danach zu suchen, wo sich nun wirklich das Grab befindet. Dr. Richard Steche, so der Name des Forschers, geht aber nicht zuerst auf den Schafberg, sondern sucht auf der Burg. Tatsächlich wird das Grab gefunden. Die Belege dafür, dass es sich um jenes der Cosel handelt, sind mehr als ausreichend. Unter anderem ist eine bleierne Platte mit einer langen Inschrift beigelegt.

HIER
RUHT IN GOTT UND ERWARTETE DIE FRÖHLICHE AUFERSTEHUNG
DIE HOCHGEBOHRNE FRAU ANNA CONSTANTIA

REICHSGRÄFIN VON COSEL. GEB. V. BRUCHSDORF

SIE ERBLICKTE DAS LICHT DIESER WELT AO. 1680 D. 18.OCTBR.
AUF DEM ERB-GUTHE DEBENAU IN HOLSTEIN.
IHR HERR VATER WAR DER WEYLAND WOHLGEBORNE HERR H.
JOACHIM VON BRUCHSDORF, HOCHBESTALLT GEWESENER OBRISTER ÜBER EIN DÄNISCHES CUIRASSIER REGIMENT.
IHRE FRAU MUTTER DIE HOCHGEBOHRNE FRAU FRAU ANNA MARGARETHE GEBOHRNE GRÄFIN VON MARSELLI.
IHR HERR GROSSVATER VON VÄTERLICHER SEITE WAR DER WOHLGEB. HERR DETTLEF V. BRUCHSDORF EBENFALLS IN DÄN. DIENSTEN ALS OBRIST ÜBER EIN REG. CÜR.
V. MÜTTERLICHER SEITE HINGEGEN ST. LEONHARD GR. V. MARSELLI.
IHRE FRAU GR. MUTTER ABER DIE WOHLGEB. FRAU FR. ANN DOROTH.
AUS DEM HAUSE RANTZAU IM HOLLSTEINSCHEN.
SIE VERMÄHLTE SICH NACH SACHSEN AO 1699 IM 19 JAHRE AN
ADOLPHUM MAGNUM GRAF VON HOYM
ENTSCHLIEF IN GOTT NACHDEM SIE IHR RUHMVOLLES ALTER GEBRACHT AUF 84 JAHRE 5 MONATHE 13 TAGE D. 31.MART. 1765

Doktor Steche fertigt eine Skizze zum wiedergefundenen Grab an. Gemeinsam mit dem Stolpener Bürgermeisters Fiebiger und dem Kastellan Gäbler sorgt er dafür, dass durch den Landbaumeister Dreßler die Grabstätte wieder eingewölbt wird.
Heute zeugen in der Ruine der Burgkapelle eine ovale Gedenkplatte über der Gruft sowie ein Gedenkstein an einer der Wände von dem Grab.

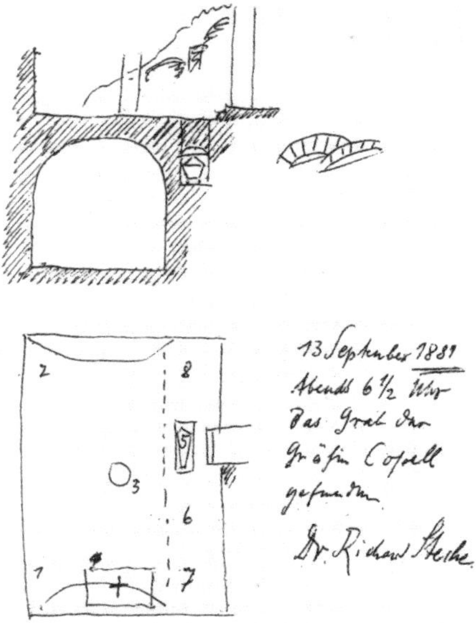

Skizze zum wiedergefundenen Grab der Gräfin Cosel.

Grab der Gräfin Cosel auf Burg Stolpen im Jahre 1903.

Grabplatten aus dem 19. und 20. Jh. am Grab der Constantia von Cosel auf Burg Stolpen.

Quellenverzeichnis

Archiv des Pfarramtes zu Stolpen. – Loc. XIII. Nr. 6 / 1899.

Fassmann, D.: Das glorwürdigste Leben und Thaten Friedrich Augusti des Großen. – Hamburg / Frankfurt/M. 1733.

Feustel, Gotthard: Gräfin Cosel und das Taschenbergpalais. – Taucha 2005.

Gurlitt, Cornelius Gustav: August der Starke. Ein Fürstenleben aus der Zeit des deutschen Barock, 2 Bde. – Dresden 1924.

Haude, J. C.: Bericht vom 18.4.1765; Sächsisches Hauptstaatsarchiv Dresden.

Hoffmann, Gabriele: Constantia von Cosel und August der Starke. Die Geschichte einer Mätresse. – Bergisch Gladbach 1988.

Knauth, Johann Conrad: Alt-Zellische Chroniken, Teil I–VII. – Dresden / Leipzig 1722.

Leipziger Post- und Ordinar Zeitung. – Jge. 1693 ff.

Lubojatzky, Friedrich: Stolpen und seine Gefangene, die Gräfin Cosel. In: Das goldene Buch vom Vaterland. – Löbau 1860.

Nadolski, Dieter: Die Affären Augusts des Starken. – Taucha 2007.

Ders.: Die Ehetragödie Augusts des Starken. – Taucha 2007.

Ders.: Die miserabele Gräfin Cosel. – Taucha, Tauchaer Verlag 1997.

Ders.: Wahre Geschichten um Gräfin Cosel. – Taucha 2010.

Vehse, Karl Eduard.: Geschichte der Höfe des Hauses Sachsen. – Hamburg 1854.

Weber, Karl von: Anna Constantia Gräfin von Cosel. In: Archiv für die sächsische Geschichte. – Leipzig 1871.

Zedler, Johann Heinrich: Grosses vollständiges Universal Lexicon aller Wissenschafften und Künste. – Leipzig 1732–1750

Bildnachweis

Die Bildvorlagen entstammen dem Archiv des Tauchaer Verlags; zudem: K. Schieckel (S. 67), Brück & Sohn Kunstverlag Meißen (S. 73), Webkart (S. 74)

Christoph Pötzsch

Wahre Geschichten um das unbekannte Sachsen

ISBN 978-3-89772-282-8

80 Seiten
15 Abbildungen

Kurzweilig erörtert der Autor viele Fragen zu kaum bekannten Vorkommnissen: Hat die Freie Republik Schwarzenberg je existiert? Was hat der größte amerikanische Strafprozess mit einem Mann aus Kamenz zu tun? Warum sorgte Thomas Mann mit den »Buddenbrooks« in Dresden für einen Familienskandal? Warum blieb Schirgiswalde über Jahrzehnte ein rechtsfreier Raum? Wie wurde im Hinterzimmer eines heutigen Dresdner Krankenhauses die Zukunft Europas geplant? Oder was hat die russische Oktoberrevolution mit Dresden zu tun? Diese und andere Geschichten führen weg von den alltäglichen Themen sächsischer Geschichte, die in den hochglanzbebilderten Sachsenbüchern zumeist immer fehlen!

Christoph Pötzsch

Unbekanntes um August den Starken

ISBN 978-3-89772-311-5

88 Seiten
24 Abbildungen

Das Lebensbild, das hier gezeichnet wird, gliedert sich in drei Teile – jeweils höchst unterschiedlich gewichtete Phasen. Die erste reicht von der Kindheit und Jugend bis 1694, als August durch den frühen Tod seines älteren Bruders sächsischer Kurfürst wird und drei Jahre später König in Polen. Die zweite Etappe beginnt mit der Übernahme der polnischen Krone 1697 und endet etwa 1710. Obwohl Friedrich August I. bzw. August II. in dieser Zeit zwei Regentschaften innehat, ist sie mit »Verlorene Jahre« überschrieben. Die letzte Phase spannt sich von 1710 bis zu Augusts Tod 1733. Sie ist die interessanteste Zeit seines Lebens und steht unter dem Motto »Das Leben – Ein Fest«. Die rauschenden Feste sind dabei nur nebenbei erwähnt, doch auch die wären nicht möglich gewesen ohne die großartigen wirtschaftlichen Erfolge, die der Herrscher in jenen fast 25 Jahren verbuchen kann. In diesem Buch erscheint August der Starke in einem neuen Licht …

Bernd Rüdiger

ADAM RIES

Der größte deutsche Rechenmeister

ISBN 978-3-89772-315-3

80 Seiten
36 Abbildungen

Fast jeder hat wohl schon einmal das geflügelte Wort „Macht nach Adam Ries ..." gebraucht. Zwar hat der Mann aus Staffelstein, der dann die längste Zeit seines Lebens im erzgebirgischen Annaberg verbrachte, das Rechnen nicht erfunden, auch keinesfalls das schriftliche Rechnen und nicht die arabischen Ziffern. Aber all das, was zu seiner Zeit in der praktisch angewandten Mathematik bekannt war, hat er klug durchdacht und in seinen Rechenbüchern so dargestellt, dass nunmehr die Menschen ihren Umgang mit Ziffern und allem, was damit zusammenhängt, deutlich einsichtiger und erfolgreicher gestalten konnten. Ries hat so Bleibendes geschaffen - und das bestimmt unser Leben sogar noch heute unmittelbar.

Touristinformation Stolpen
Markt 26 | 01833 Stolpen
Telefon: ***+49 (0) 35973 27313***
E-Mail: ***stolpen-information@t-online.de***
Web: ***www.burg-stolpen.org***

Öffnungszeiten:
April bis Oktober, in der Regel Montag bis Freitag
10:00 bis 12:00 und 13:00 bis 17:00 Uhr,
an Feiertagen geschlossen,
November bis März, in der Regel Dienstag und
Donnerstag 10:00 bis 12:00 und 13:00 bis 17:00 Uhr,
an Feiertagen geschlossen

Burg Stolpen
Schloßstraße 10 | 01833 Stolpen
Staatliche Schlösser, Burgen und Gärten Sachsen
gemeinnützige GmbH –
www.schloesserland-sachsen.de

Öffnungszeiten:
April bis Oktober, in der Regel täglich von
10:00 bis 18:00 Uhr,
November bis März, in der Regel Dienstag bis Sonntag
10:00 bis 16:00 Uhr (witterungsabhängig)

Telefon: ***+49 (0) 35973 234-10***
E-Mail: ***stolpen@schloesserland-sachsen.de***
Web: ***www.burg-stolpen.org***